사

키워드
한손노트

1차 부동산학개론

 해커스 공인중개사

해커스 공인중개사

이제! 합격을 위한 모든 것을 해커스가 늘 함께합니다!

최신 개정법령 및 기출에 따른 교재의 내용 변경 및 추가 내용을 받을 수 있어요!

카페 가입하면 최신 강의 받을 수 있어요!
질문에 대한 답변 및 공지 등을 받을 수 있어요

밴드를 통해 최신 강의 받기 가능해요!
알림구를 켜두면 새 강의 및 공지를 받을 수 있어요

기출 OX 문제 ▶

목차

목차

PART 01

부동산학 총론

 ▶ 기출 OX 문제

★★ 최고 5개년 4~5회 기출

★ 최고 5개년 2~3회 기출

01 복합개념의 부동산

부동산을 기술적 · 경제적 · 법률적 개념으로 파악하는 것이다.

① 협의의 부동산 = 토지 + 그 정착물
② 광의의 부동산 = 협의의 부동산 + 준부동산

02 정착물

① **의의**: 사회적 경제적인 면에서 토지에 부착되어 계속적으로 이용된다고 인정되는 물건을 말한다.

② 구분

구분 기준	내용
물건이 부동산에 부착된 방법에 따라	부착된 물건을 제거하는 경우에 건물에 손상이 발생하거나 손상을 주지 않더라도 효용이 감소하면 정착물이다. 예 인터폰, 수도꼭지 등
당사자의 의도에 따라	• 임대건물에서 임대인이 임대가치 증진을 위하여 설치한 물건은 정착물이다. 예 임대부동산의 가스보일러 등 • 임대인이 설치한 진열대나 선반 등은 정착물이고 임차인이 설치한 것은 정착물로 취급하지 않는다.

③ 종류
  ㉠ 독립정착물
  • 건물
  • 명인방법을 갖춘 미분리과실
  • 명인방법을 갖춘 수목의 집단
  • 농작물
  ㉡ 종속정착물

03 표준산업분류

대분류	중분류	소분류	세분류	세세분류
부동산업 (L)	부동산업	부동산 임대 및 공급업	부동산 임대업	• 주거용 건물임대업 • 비주거용 건물임대업 • 기타 부동산 임대업
			부동산개발 및 공급업	• 주거용 건물 개발 및 공급업 • 비주거용 건물 개발 및 공급업 • 기타 부동산 개발 및 공급업
		부동산 관련 서비스업	부동산 관리업	• 주거용 부동산관리업 • 비주거용 부동산관리업
			부동산중개.자문 및 감정평가업	• 부동산 중개 및 대리업 • 부동산 투자자문업 • 부동산 감정평가업

POINT 02 부동산의 분류 ★★

01 토지용어

포락지	지적공부에 등록된 토지가 물에 침식되어 수면 밑으로 잠긴 토지
간석지	만조수위선과 간조수위선 사이의 토지
빈지	바다와 육지 사이의 토지
후보지	지역 상호간에 다른 지역으로 전환되고 있는 토지
이행지	지역 내에서 용도가 전환되고 있는 토지
필지	하나의 지번이 붙는 토지의 등기·등록의 단위, 토지소유권
획지	가격수준이 비슷한 일단의 토지
소지	개발되기 이전의 자연적 상태 그대로의 토지

맹지	타인의 토지에 둘러싸여 도로에 어떤 접속면도 가지지 못하는 토지
부지	하천부지, 철도부지, 도로부지의 바닥토지를 포함하는 포괄적인 용어
택지	건축할 수 있는 토지. 즉, 주거용, 상업용, 공업용 등으로 이용되고 있거나 이용을 목적으로 조성된 토지
나지	토지에 건물이나 그 밖의 정착물이 없고, 지상권 등 토지의 사용·수익을 제한하는 사법상의 권리가 설정되어 있지 아니한 토지
법지	• 법적 소유권은 인정되나 경제적인 활용실익이 없거나 적은 토지. 즉, 측량 면적에는 포함되나 실제로는 사용을 못하는 토지 • 택지의 유효지표면 경계와 인접지 또는 도로면과의 경사된 토지부분을 말하는데, 면적 측량은 수평투영식으로 산출하므로 법지는 윗집의 토지면적에 포함됨 법지(法地)

공한지	도시 내의 토지로서 지가상승만을 기대하고 장기간 방치되는 토지
유휴지	바람직스럽지 못하게 놀리는 토지
휴한지	농지의 비옥도 등 지력의 회복이나 농지를 개량하기 위해 일정기간 정상적으로 쉬게 하는 토지 예 이모작을 하는 경우 벼 수확이 끝나고 마늘을 심기 전까지 일정기간 농지를 쉬게 하는 토지
공지	• 필지 중 건축물을 제외하고 남은 부분의 토지 • 건부지 중 건물을 제외하고 남은 부분의 토지로, 건축법령에 의한 건폐율 등의 제한으로 인해 필지 내에 비어있는 토지 공지
소지	택지 등으로 개발되기 이전의 자연적 상태 그대로의 토지
환지	도시개발사업이 완료된 후 종전의 토지에 대하여 새로이 교부할 토지
체비지	도시개발사업에 소요되는 경비를 충당하기 위해 환지계획에서 환지로 정하지 않고 남겨둔 토지

02 주택의 분류

① 단독주택

단독주택	1건물에 1세대가 거주하는 주택
다중주택	• 학생 또는 직장인 등 여러 사람이 장기간 거주 • 독립된 주거 형태를 갖추지 아니한 것(욕실 설치, 취사시설 설치 ×) • 1개 동의 주택으로 쓰이는 바닥면적의 합계가 660m^2 이하, 주택으로 쓰는 층수(지하층 제외)가 3개 층 이하 • 적정한 주거환경을 조성하기 위해 실별 최소 면적, 창문의 설치 및 크기 등의 기준에 적합할 것
다가구주택	• 주택으로 쓰는 층수(지하층 제외)가 3개 층 이하 • 1개 동의 주택으로 쓰이는 바닥면적(부설 주차장 제외)의 합계가 660m^2 이하 • 19세대 이하 거주
공관	정부기관의 고위관리가 공적으로 사용하는 주택

② 공동주택

아파트	주택으로 쓰는 층수가 5개 층 이상인 주택
연립주택	• 주택으로 쓰는 1개 동의 바닥면적 합계가 660m² 초과 • 층수가 4개 층 이하인 주택
다세대주택	• 주택으로 쓰는 1개 동의 바닥면적 합계가 660m² 이하 • 층수가 4개 층 이하인 주택
기숙사	학교 또는 공장 등의 학생 또는 종업원 등을 위하여 쓰는 것으로서 1개 동의 공공취사 시설 이용 세대 수가 전체의 50% 이상인 것

③ 주택의 정의(「주택법」 제2조)

1. '주택'이란 세대의 구성원이 장기간 독립된 주거생활을 할 수 있는 구조로 된 건축물의 전부 또는 일부 및 그 부속토지를 말한다.
2. '단독주택'이란 1세대가 하나의 건축물 안에서 독립된 주거생활을 할 수 있는 구조로 된 주택을 말한다.
3. '공동주택'이란 건축물의 벽·복도·계단이나 그 밖의 설비 등의 전부 또는 일부를 공동으로 사용하는 각 세대가 하나의 건축물 안에서 각각 독립된 주거생활을 할 수 있는 구조로 된 주택을 말한다.

4. '준주택'이란 주택 외의 건축물과 그 부속토지로서 주거 시설로 이용가능한 시설 등으로서 다음과 같은 시설을 말한다.

- 오피스텔
- 노인복지시설 중 「노인복지법」의 노인복지주택
- 제2종 근린생활시설 또는 숙박시설에 속하는 다중 생활시설
- 기숙사

5. '국민주택'이란 다음 각 목의 어느 하나에 해당하는 주택 으로서 국민주택규모 이하(85m²)인 주택을 말한다.
   가. 국가 · 지방자치단체, 한국토지주택공사 또는 지방공 사가 건설하는 주택
   나. 국가 · 지방자치단체의 재정 또는 「주택도시기금법」 에 따른 주택도시기금으로부터 자금을 지원받아 건설 되거나 개량되는 주택

20. '도시형 생활주택'이란 300세대 미만의 국민주택규모 에 해당하는 주택으로서 「국토의 계획 및 이용에 관한 법률」에 따른 도시지역에 건설하는 소형 주택, 단지형 연립주택, 단지형 다세대주택을 말한다.

POINT 03 부동산의 특성

부동성	① 시장의 세분화, (부동산활동 및 현상) 국지화 ② 부동산과 동산을 구별, 공시방법의 구별 근거 ③ 임장활동 및 정보활동 ④ 지방자치단체를 운영하기 위한 조세의 기초 자원 ⑤ 중앙정부나 지자체의 상이한 규제와 통제
부증성	① **토지공급**: 물리적 공급 ×(부증성) vs 경제적 공급 O(용도의 다양성) ② 생산비법칙이 적용되지 않음 ③ 지대 및 지가를 발생시킴 ④ 최유효이용의 근거(with 용도의 다양성)
영속성	① 가치보존력 우수 = 구매력 보호 = inflation hedge ② 소유이익 및 사용이익, 자본이득 및 소득이 득, 임대차 시장 ③ 소모 및 재생산이론이 적용되지 않음 ④ 부동산관리의 중요성
개별성	① 비교를 어렵게 함 ② 개별화·구체화시킴 ③ 일물일가(一物一價)의 법칙 적용되지 않음 ④ **대체가능성**: 가능(인접성) vs 불가능(개별성)
병합·분할 가능성	용도의 다양성을 지원함

PART 02

부동산경제론 및 부동산시장론

▶ 기출 OX 문제

POINT 01 수요 및 공급의 개념

 ★★

01 수요량의 변화 및 수요의 변화

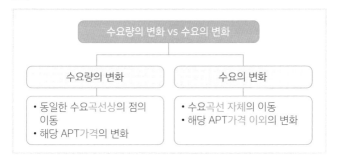

① **수요량의 변화**: 다른 조건이 일정한 경우 APT가격이 변화함에 따라 동일한 수요곡선상의 점의 이동을 의미한다.

② **수요의 변화**: APT가격 이외 요인이 변동함에 따라 수요곡선 자체가 이동하는 것을 의미하며, 수요곡선이 오른쪽(우상향)으로 이동하는 것을 '수요의 증가', 왼쪽(좌하향)으로 이동하는 것을 '수요의 감소'라고 한다.

02 유량과 저량

유량	의미	일정기간을 설정하고 측정되는 변수
	종류	인구증가율, 주택거래량, 생산량, 수요량, 투자, 소비, 순영업소득(소득이득), 연소득, 근로자의 임금, 가계소득, 지대 수입, 임대료 수입, 연간 이자비용, 신규주택 공급량 등
저량	의미	일정시점을 설정하고 측정되는 변수
	종류	인구 수, 주택재고량, 주택보급률, 외환보유액, 통화량, 자산(실물자산), 자본, 부채, 아파트 가격, 재고주택 공급량 등

재무상태표와 손익계산서

재무상태표
(20XX년 12월 31일 현재)

자산   부채
       자본

저량

손익계산서
(20XX년 1월 1일부터 20XX년 12월 31일까지)

I. 매출액
II. 매출원가(비용)
III. 매출총이익
IV. 판매비와 관리비
V. 영업이익
VI. 영업외수익
VII. 영업외비용
VIII. 법인세 비용 차감 전 순이익
IX. 법인세 비용
X. 당기순이익

유량

03 수요가격 등의 개념

① 수요가격이란 소비자가 최대한 지불할 용의가 있는 가격을 말한다.

② 공급가격이란 공급자가 받고자하는 최소한의 가격이다.

③ 공급량은 주어진 가격수준에서 공급자가 판매하고자 하는 최대수량이다.

④ 수요량은 주어진 가격수준에서 수요자가 구입하고자 하는 최대수량이다.

04 대체효과 및 소득효과

① 임대료가 인상되면
- 대체효과 때문에 부동산의 수요는 감소하고 다른 재화의 수요는 증가한다.
- 소득효과 때문에 부동산의 수요는 감소하고 다른 재화의 수요는 감소한다.

② 임대료가 인상되면
- 임대수요량은 감소하고 다른 재화의 가격이 상대적으로 하락하여 다른 재화의 수요가 증가하는 것은 대체효과 때문이다.
- 임대수요량은 감소하고 실질소득이 하락하여 다른 재화의 수요가 감소하는 것은 소득효과 때문이다.

<u>05</u> 토지공급

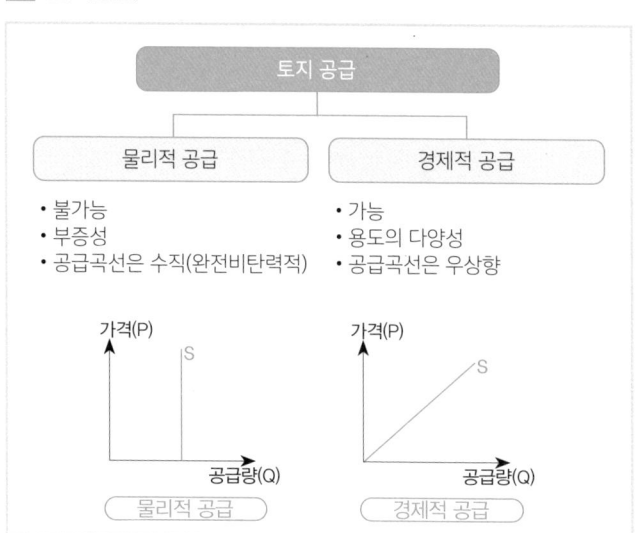

POINT 02 균형점의 이동

01 수요와 공급의 변화에 따른 균형점의 이동

구분	세부내역	균형가격	균형수급량
수요 증가, 공급 증가	① 수요 증가폭 > 공급 증가폭	상승	증가
	② 수요 증가폭 < 공급 증가폭	하락	증가
	③ 수요 증가폭 = 공급 증가폭	불변	증가
	④ 수요 증가, 공급 증가	알 수 없음	증가
수요 감소, 공급 감소	① 수요 감소폭 > 공급 감소폭	하락	감소
	② 수요 감소폭 < 공급 감소폭	상승	감소
	③ 수요 감소폭 = 공급 감소폭	불변	감소
	④ 수요 감소, 공급 감소	알 수 없음	감소
수요 증가, 공급 감소	① 수요 증가폭 > 공급 감소폭	상승	증가
	② 수요 증가폭 < 공급 감소폭	상승	감소
	③ 수요 증가폭 = 공급 감소폭	상승	불변
	④ 수요 증가, 공급 감소	상승	알 수 없음
수요 감소, 공급 증가	① 수요 감소폭 > 공급 증가폭	하락	감소
	② 수요 감소폭 < 공급 증가폭	하락	증가
	③ 수요 감소폭 = 공급 증가폭	하락	불변
	④ 수요 감소, 공급 증가	하락	알 수 없음

POINT 03 탄력성

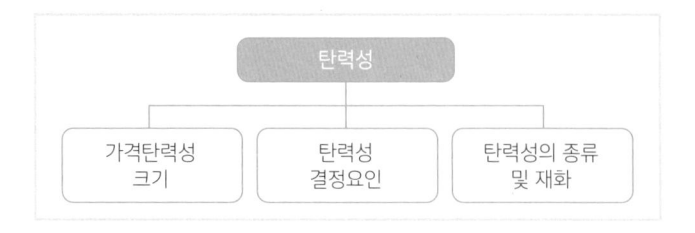

01 가격탄력성 크기

① 완전탄력적(ε = ∞, 수평): 가격이 불변이다.
② 탄력적(ε > 1): 양이 많이 변한다.
③ 단위탄력적(ε = 1): 가격의 변화율과 수요량의 변화율이 같다.
④ 비탄력적(ε < 1): 가격이 많이 변한다.
⑤ 완전비탄력적(ε = 0, 수직): 거래량이 불변이다.

02 탄력성 결정요인

① 수요 - 선택의 폭이 클수록 탄력적이다.

- 대체재가 많을수록
- 용도가 다양할수록
- 용도전환이 용이할수록
- 세분화될수록
- 주거용 부동산이
- 장기일수록

② 공급 - 생산이 가능할수록 탄력적이다.
- 생산에 주어진 기간이 장기일수록 탄력적이다.
- 생산에 소요되는 기간이 장기일수록 비탄력적이다.

03 탄력성의 종류 및 재화

① 정상재 vs 열등재
- 소득이 증가할 때 수요량이 증가하는 재화를 '정상재'라 한다.
- 소득이 증가할 때 수요량이 감소하는 재화를 '열등재'라 한다.

정상재	열등재
• 비례 • 소득 vs 수요량	• 반비례 • 소득 vs 수요량

② 대체재 vs 보완재
- X재 가격이 상승할 때 Y재 수요가 증가하면 대체재이다.
- X재 가격이 상승할 때 Y재 수요가 감소하면 보완재이다.

대체재	보완재
• 비례 • X재 가격 vs Y재 수요량	• 반비례 • X재 가격 vs Y재 수요량

① 수요의 가격탄력성을 알게 되면 임대료가 상승함에 따라 전체 수입이 늘 것인가, 줄 것인가 하는 문제를 예측할 수 있게 된다.

임대료 총수입 = 임대료(P) × 수요량(Q)

② 총수입은 임대료(P)에 수요량(Q, 판매량)을 곱한 것이다. 그런데 가격변화에 따른 총수입의 변화는 수요의 가격탄력성에 영향을 받는다.

③ 수요의 가격탄력성과 임대수입과의 관계

탄력성의 크기	임대수입	
	가격 상승시	가격 하락시
Ed > 1(탄력적)	수입 감소	수입 증가
Ed = 1(단위탄력적)	수입 불변	수입 불변
Ed < 1(비탄력적)	수입 증가	수입 감소

POINT 04 경기변동론

01 특징

① 일반경기변동에 비해 주기가 길고 진폭이 크다.
② 경기순환국면이 명백하거나 일정하지 않고 불규칙적으로 변동한다.

02 측정지표

① 거래량(수요지표), 건축량(공급지표) 등
② 건축량

건축허가량	예측가능
건축착공량	많이 사용함

03 유형

① **순환적 변동**: 정점, 진폭, 주기, 진폭, 상향, 후퇴
② **계절적 변동**: 반복적(매년)
③ **무작위적(불규칙적) 변동**: 일시적(정책)
④ **추세적 변동**: 지속적

04 순환국면

① 안정시장
- 매각 · 매입의뢰 모두 중요
- 신뢰할 수 있는 가격

② 상향시장
- **과거사례가격**: 하한선
- 매도자 중심 – 매각의뢰 중시

③ 회복시장
- **과거사례가격**: 하한선 또는 기준가액
- 매도자 중심

① 수렴형
  - 수요의 가격탄력성 > 공급의 가격탄력성
  - │ 수요곡선의 기울기 │ < │ 공급곡선의 기울기 │

② 발산형
  - 수요의 가격탄력성 < 공급의 가격탄력성
  - │ 수요곡선의 기울기 │ > │ 공급곡선의 기울기 │

③ 순환형
  - 수요의 가격탄력성 = 공급의 가격탄력성
  - │ 수요곡선의 기울기 │ = │ 공급곡선의 기울기 │

POINT 05 부동산의 시장 ★★

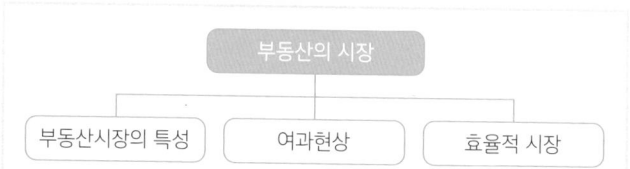

01 부동산시장의 특성

① 거래의 비공개성·상품의 비표준화성·시장의 비조직성, 독점화
   (∵ 개별성)
② 수급조절의 곤란성(∵ 부증성)
③ 매수인의 제안가격선(우상향), 매도인의 제안가격선(우하향)

02 여과현상

① **상향여과**: 하위계층이 살던 주택이 수선되거나 재개발되어
   상위계층의 사용으로 전환되는 것을 말한다.
② 주거분리
   • 고소득층의 주거지역과 저소득층의 주거지역이 서로 분리
     되는 현상을 말한다.
   • **고가주택지역**: 가치상승분 > 개발비용 ➡ 주거분리

<u>03</u> 효율적 시장

① 효율적 시장과 정보범위의 상호관련성

강성 효율적 시장

모든 이용가능 정보
(공개된 정보, 비공개된 내부정보 등)

준강성 효율적 시장

공표된 모든 정보
(공개된 정보, 공개된 회계자료, 경제자료 등)

약성 효율적 시장

과거의 정보
(과거의 가격, 과거의 거래량 등)

② 효율적 시장의 구분

구분	반영 되는 정보	과거 추세적 정보 (기술적 분석)	공표된 모든 정보 (기본적 분석)	공표되지 않은 내부 정보	초과 이윤
약성 효율적 시장	과거의 정보	초과이윤 (×)	초과이윤 (○)	초과이윤 (○)	현재·미래의 정보를 분석하면 가능
준강성 효율적 시장	공표된 모든 정보	초과이윤 (×)	초과이윤 (×)	초과이윤 (○)	미래의 정보를 분석하면 가능
강성 효율적 시장	모든 이용가능 정보	초과이윤 (×)	초과이윤 (×)	초과이윤 (×)	획득 불가능

③ 할당 효율적 시장

- 정보가치와 정보비용이 일치(동일, 같다)하여 초과이윤이 발생하지 않는 시장을 말한다.
- ○○시장은 할당 효율적 시장이 될 수 있다.

POINT 06 입지 및 도시공간구조론 ★★

01 입지론

① 크리스탈러의 중심지이론
- **재화의 도달범위**: 최대
- **최소요구치**: 최소
- **상점의 현상유지**: 재화의 도달범위 내에 최소요구치가 있어야 한다.

② 레일리의 소매인력법칙: 인구수에 비례하고, 거리의 제곱에 반비례한다.

③ 허프의 확률모형: 매장면적에 비례하고, 거리에 반비례한다 (단, 거리는 거리마찰계수).

   ⊙ 어떤 매장이 고객에게 주는 효용이 클수록 그 매장이 고객들에게 선택될 확률이 더 높아진다는 공리에 바탕을 두고 있다.

   ⓛ 해당 매장을 방문하는 고객의 행동력은 방문하고자 하는 매장의 크기에 비례하고, 매장까지의 거리에 반비례한다.

   ⓒ 공간(거리)마찰계수는 시장의 교통조건과 매장물건의 특성에 따라 달라지는 값이며, 교통조건이 나빠지면 더 커진다.

   ⓔ 고객이 매장을 선택해서 방문하는 행동을 분석하였다.

ⓜ 고정된 상권을 놓고 경쟁함으로써 제로섬(zero-sum)게임
이 된다는 한계가 있다.

④ **컨버스의 분기점모형(수정소매인력법칙):** 레일리의 소매인력
법칙을 응용하여 두 도시간의 **구매영향력**이 같은 분기점의 위
치를 구하는 방법을 제시한 모형이다.

⑤ 베버의 최소비용이론
- 기업은 수송비와 노동비(인건비)는 최소가 되는 지점에, 집적
이익(집적력)은 최대가 되는 지점에 입지한다.
- 등운송비선 vs 임계등비용선

등운송비선	임계등비용선
동일한 동심원상에서는 위치와 관계없이 수송비는 항상 일정한데, 이를 연결한 선이다.	노동비의 절감액과 수송비의 증가액이 동일한 지점을 연결한 곡선이다.

⑥ **뢰쉬의 최대수요이론:** 수요 측면의 입장에서 기업은 시장확대
가능성이 가장 높은 지점에 위치해야 한다고 보았다.

02 농경지지대론

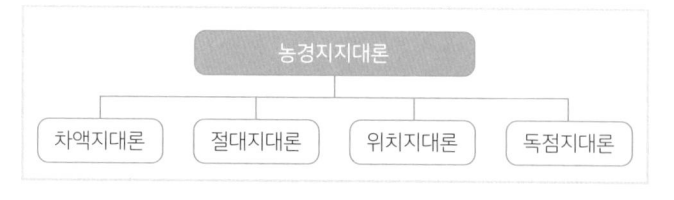

① 리카도의 차액지대론

　㉠ 지대 = 비옥도의 차이

　㉡ **전제조건**: 수확체감의 법칙, 우등지의 공급이 제한

　㉢ 특징

　　• 한계지의 지대를 설명하지 못했다.

　　• 곡물가격이 지대를 결정한다.

② 마르크스의 절대지대론

　㉠ 지대 = 소유권의 대가

　㉡ 특징

　　• 한계지의 지대를 설명한다.

　　• 지대가 곡물가격을 결정한다.

③ 튀넨의 위치지대론

　㉠ 지대 = 수송비의 절약분

　㉡ 특징

　　• 비옥도가 동일하더라도 위치가 달라지면 지대가 달라진다.

　　• 현대 지대론의 기초가 된다.

④ **독점지대론**: 지대는 토지수요에 비해 공급이 제한되어 있기 때문에 발생한다.

① 마샬의 지대론

   ㉠ **준지대**: 일시적으로 토지 이외의 고정생산요소(예 기계, 기구 등)에 귀속되는 소득을 말한다.

   ㉡ **순수지대**: 토지 그 자체, 잉여

② 알론소의 입찰지대론

   ㉠ **특징**: 튀넨의 고립국이론을 확장·발전시킨 이론이다.

   ㉡ 입찰지대: 단위면적의 토지에 대한 토지이용자가 지불하고 자하는 최대금액(초과이윤 = 0)을 말한다.

   ㉢ 입찰지대곡선: 가장 높은 지대를 지불할 수 있는 각 산업의 지대곡선들을 연결한 곡선을 말한다.

③ 헤이그의 마찰비용

   ㉠ 지대 = 교통비의 절약분

   ㉡ 마찰비용 = 지대 + 교통비

④ 파레토의 경제지대
  ㉠ 총수입 = 전용수입 + 경제적 지대
  ㉡ 전용수입 vs 경제적 지대

전용수입	경제(적) 지대
어떤 생산요소가 다른 용도로 전용되지 않고 현재의 용도에 그대로 사용되도록 하기 위해 지급되어야 하는 최소한의 지급액을 말한다.	어떤 생산요소가 현재의 용도에 계속 이용되도록 보장하기 위해 필요한 최소한의 대가를 초과한 소득(공급자 잉여)을 말한다.

• 공급이 비탄력적일수록 지대는 커진다.
• 공급이 완전비탄력적인 경우에는 100% 지대이다.

구분		내용
단핵 이론	버제스의 동심원이론	① 시카고, 생태학, 거주지 분화현상 (침입 · 경쟁 · 천이) ② 5개 지대: 중심업무지구(CBD) ➡ 점이(천이 · 전이)지대 ➡ 저소득층 (근로자 주거지대) ➡ 고급주택지 대 ➡ 통근자지대
	호이트의 선형이론	① 동심원 + 교통망 추가(쐐기형, 부 채꼴 모양) ② 간선도로에 인접하여 고소득층이 입지
다핵 이론	해리스&울만의 다핵이론	① 다핵의 원인 　• 동종활동의 집적이익 추구(양립성) 　• 이종활동의 상반된 이익 추구 　(비양립성) ② 동심원이론 + 선형이론 ③ 부도심
시몬스의 다차원이론		동심원이론 + 선형이론 + 다핵심이론
베리의 유상도시이론		간선도로를 따라 확산 입지

PART
03

부동산정책론

 ▶ 기출 OX 문제

POINT 01 정부의 시장개입 ★★

01 부동산시장의 기능

① 가격 창조
② 자원의 효율적 배분
③ 정보제공
④ 양과 질의 결정

02 완전경쟁시장

① 다수
② 동질적
③ 진입 · 퇴거의 자유
④ 완전한 정보

POINT 02 부동산정책의 수단

01 토지이용규제

① **의의**: 개별토지이용자의 토지이용행위를 사회적으로 바람직한 방향으로 유도하기 위해서 법적 · 행정적인 조치에 의거하여 특정 토지의 이용을 제한하는 행위를 말한다.

② **종류**: 토지이용계획, 「국토의 계획 및 이용에 관한 법률」에 의한 용도지역 · 지구제, 개발권양도제, 개발허가제, 개발제한구역, 지구단위계획제도, 기반시설 연동제, 토지적성평가제도 등이 있다.

02 직접적 개입

① **의의**: 정부나 공공기관이 토지시장에 직접 개입하여 수요자 및 공급자의 역할을 적극적으로 수행하는 방법으로 토지공급의 원활 및 지가의 안정에 주안점을 두고 있다. 이러한 직접개입 방식은 특정 지역에 제한적으로 영향을 미치는 방식이므로 간접개입방식에 비해 실시효과가 비교적 확실하고, 실시결과를 통제하기 쉽다. 그러나 시장기구를 이용하지 못하기 때문에 예상치 못한 부작용으로 인해 정책효과가 반감될 수도 있다.

② **종류**: 도시재개발, 토지수용, 공공소유제도, 토지은행제도, 공영개발 및 토지구획정리사업 등 공공에 의한 토지개발이 있다.

03 간접적 개입

① **의의**: 기본적으로는 시장기구의 틀을 유지하면서 그 기능을 통해 소기의 효과를 노리는 방법을 말한다.

② **종류**: 조세 및 부담금제도, 토지개발 및 이용에 대한 각종 금융지원 및 보조금, 토지거래에 필요한 양질의 자료 및 정보체제의 구축, 공시제도를 통한 부동산 소유권의 명확한 설정 등이다.

POINT 03 시장실패 ★

01 시장실패의 의의

① 시장기능이 실현되지 않는 상태를 말한다.
② 가격이 왜곡되는 상태이다.
③ 자원이 비효율적으로 배분되는 경우이다.

02 시장실패의 원인

① 불완전경쟁시장
② 규모의 경제
③ 공공재의 존재
④ 정보의 비대칭성
⑤ 외부효과

03 외부효과

① **의의**: 어떤 경제활동으로 제3자에게 의도하지 않은 혜택이나 손해를 주면서도 이에 대한 대가를 받지도 지불하지도 않는 상태를 말한다.

② 특징

    ㉠ 부동산의 부동성과 연속성(인접성)은 외부효과와 관련이 있다.

    ㉡ 외부효과는 생산과정뿐만 아니라 소비과정에서도 발생하며, 유리한 정(+)의 외부효과와 불리한 부(-)의 외부효과가 있다.

    ㉢ 생산과정에서 부(-)의 외부효과(외부불경제)를 발생시키는 재화의 공급을 시장에 맡길 경우, 그 재화는 사회적인 최적 생산량보다 과다하게 생산되는 경향이 있다.

    ㉣ 부(-)의 외부효과를 발생시키는 공장에 대해서 부담금을 부과하면, 생산비가 증가하여 이 공장에서 생산되는 제품의 공급이 감소하여 가격이 상승하게 된다.

    ㉤ 부(-)의 외부효과를 완화하기 위한 수단으로 배출권 거래제도 등이 있으며, 정(+)의 외부효과를 장려하기 위한 수단으로 보조금 지급 등이 있다.

③ 외부효과의 비교

구분	정(正)의 외부효과	부(負)의 외부효과
개념	• 어떤 경제주체의 행위가 시장 메커니즘을 통하지 않고 다른 경제주체에게 미치는 유리한 효과 • 수요곡선을 상향(우측) 이동(공급 불변) • 주택가치↑, 균형수급량↑	• 어떤 경제주체의 행위가 시장 메커니즘을 통하지 않고 다른 경제주체에게 미치는 불리한 효과 • 공급곡선을 상향(좌측) 이동(수요 불변) • 주택가치↑, 균형수급량↓
생산 측면	사적 (한계)비용 > 사회적 (한계)비용	사적 (한계)비용 < 사회적 (한계)비용
소비 측면	사적 (한계)편익 < 사회적 (한계)편익	사적 (한계)편익 > 사회적 (한계)편익
결과	사회적 적정생산량보다 적게 생산·소비(과소생산, 과소소비)	사회적 적정생산량보다 많이 생산·소비(과대생산, 과대소비)
해결 수단	보조금 지급, 세제혜택, 규제완화 필요	지역·지구제, 환경부담금 부과, 조세부과 필요
현상	핌피(PIMFY; Please In My Front Yard)현상 → 공원건립, SOC 확충	님비(NIMBY; Not In My Back Yard)현상 → 학교 주변의 유흥업소, 공해 및 폐수배출 공장건립

04 공공재

① **의의**: 정부가 세금 또는 기금으로 공급하는 도로, 공원, 산림, 명승지 등과 같이 여러 사람의 공동 소비를 위해 생산된 재화나 서비스를 말한다.

② 시장원리에 맡기면 사회적 적정량보다 과소생산되며, 정부가 개입하면 적정생산할 수 있다.

③ **특성**: 비경합성, 비배제성

④ 시장에 맡기면 무임승차 현상이 발생할 수 있다.

POINT 04 주택정책 ★★

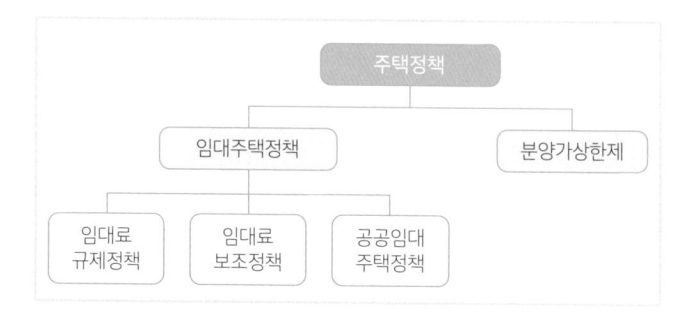

01 임대주택정책

① 임대료규제정책

  ㉠ 규제임대료 > 시장임대료 → 아무런 변화 없다.

  ㉡ 규제임대료 < 시장임대료 → 부정적 변화 → 초과수요(장기, 탄력적일수록 초과수요는 커진다)와 이중가격이 발생한다.

② 임대료보조정책

  ㉠ **생산자보조방식:** 공공임대주택정책이 있다.

  ㉡ **소비자보조방식:** 임차인의 주거지 선택의 자유가 보장된다.

  ㉢ **소득(현금)보조방식:** 소비자 효용 측면에서 유리하다.

③ 공공임대주택정책

  ㉠ 단기적 효과

- 사적 시장의 임대료가 하락한다.
- 이주해 오는 사람이나 사적 시장에 머무르는 사람이나 할 것 없이 모두 혜택을 보게 된다.
- 사적 시장의 임대주택공급량은 일정하며, 사회 전체적인 임대주택의 공급량은 공공시장에서 증가한 것만큼 증가한다.

  ㉡ 장기적 효과

- 공급이 감소하므로 시장임대료가 원래 수준으로 회복하게 된다.
- 사적 시장의 임차인은 혜택이 없고, 공적 시장의 임차인만 혜택을 보게 된다.
- 사회 전체적인 임대주택의 공급량은 불변이다.

④ 임대주택정책 정리

분류	효과	단기		장기	
		임대료	공급량	임대료	공급량
임대료 규제정책	단기	하락	일정	상승	감소
임대료 보조정책	장기	상승	일정	회복	증가
공공임대 주택정책	단기	하락	일정	회복	감소
		사적& 공적 임차인 모두 혜택	사회 전체 공급량 증가	공적 시장 임차인만 혜택	사회 전체 공급량 일정

02 분양가상한제(「주택법」 제57조)

① 사업주체가 「주택법」 제54조에 따라 일반인에게 공급하는 공동주택 중 다음의 어느 하나에 해당하는 지역에서 공급하는 주택의 경우에는 법 제57조에서 정하는 기준에 따라 산정되는 분양가격 이하로 공급(이하 '분양가상한제 적용주택')하여야 한다.

㉠ 공공택지

㉡ 공공택지 외의 택지로서 다음의 어느 하나에 해당하는 지역

• 「공공주택 특별법」에 따른 도심 공공주택 복합지구

• 「도시재생 활성화 및 지원에 관한 특별법」에 따른 주거재생혁신지구

• 주택가격 상승 우려가 있어 제58조에 따라 국토교통부장관이 「주거기본법」 제8조에 따른 주거정책심의위원회(이하 '주거정책심의위원회')의 심의를 거쳐 지정하는 지역

② ①에도 불구하고 다음의 어느 하나에 해당하는 경우에는 ①을 적용하지 아니한다.

㉠ 도시형 생활주택

㉡ 「경제자유구역의 지정 및 운영에 관한 특별법」에 따라 지정·고시된 경제자유구역에서 건설·공급하는 공동주택으로서 같은 법에 따른 경제자유구역위원회에서 외자유치 촉진과 관련이 있다고 인정하여 「주택법」 제57조에 따른 분양가격 제한을 적용하지 아니하기로 심의·의결한 경우

㉢ 「관광진흥법」에 따라 지정된 관광특구에서 건설·공급하는 공동주택으로서 해당 건축물의 층수가 50층 이상이거나 높이가 150m 이상인 경우

POINT 05 토지정책 ★★

용도지역·지구제 →	• 부(-)의 외부효과를 제거하거나 감소시키는 것 • 토지이용계획의 내용을 구현하는 법적·행정적 수단
개발제한구역 →	도시의 무질서한 확산 방지
지역단위계획 →	• 일부 • 기능을 증진 • 미관을 개선
토지적성평가제도 →	토지의 토양, 입지, 활용가능성 등을 포함
토지비축제도 →	• 공익사업용지의 원활한 공급 • 토지시장의 안정
토지공개념 →	• 토지의 공공성과 사회성 • 헨리 조지 • 「택지소유상한에 관한 법률」(폐지) • 「토지초과이득세법」(폐지) • 「개발이익 환수에 관한 법률」
개발이익환수제 →	• 정상지가상승분을 초과 • 개발부담금
재건축초과이익 환수제 →	• 정상주택가격상승분을 초과 • 재건축부담금
토지거래허가제 →	• 토지거래신고제(폐지)
토지선매 →	• 토지거래허가구역 내 • 공입사업용 토지 • 국가 등 • 선매자 지정 • 협의 매수(수용 X)

01 용도지역 · 지구제

① **의의**: 전국의 토지를 그 위치와 기능 및 적성에 따라 구분하고 적절한 용도를 부여해 그 용도에 어긋나는 토지의 이용행위는 규제함으로써 토지의 효율적 이용과 도시 기능을 토지이용계획에 부합되는 방향으로 유도하기 위하여 마련한 법적 · 행정적 장치이다.

② **목적**: 토지이용에 수반되는 부의 외부효과를 제거하거나 감소시켜서 효율적인 토지이용을 달성하려는 것이다.

③ **개념**

- 지역 · 지구제는 어느 구역에 있는 토지를 먼저 지역으로 나누고, 지역은 다시 그보다 하위 단위인 지역이나 지구로 나눈다. 그리고 지역과 지구별로 허용되는 토지이용과 금지되는 토지이용을 규정하고 있다.

- 「국토의 계획 및 이용에 관한 법률」상 용도지역끼리의 중복지정은 허용되지 않지만, 용도지구끼리의 중복지정은 가능하다.

- 용도지역의 지정 이전에 있었던 토지이용에 대해서는 규제할 수 없다는 것을 '용도지역 불소급의 원칙'이라고 한다.

용도지역

국토 전체 모든 토지에 적용
(상호 중복지정 X)

용도지구

용도지역의 강화 또는 완화

용도구역

용도지역 · 용도지구의 보완

용도지역
토지의 이용 및 건축물의 용도, 건폐율, 용적률, 높이 등을 제한함으로써
토지를 경제적 · 효율적으로 이용하고 공공복리의 증진을 도모하기 위하여,
서로 중복되지 아니하게 도시 · 군관리계획으로 결정하는 지역

용도지구
용도지역의 제한을
강화하거나 완화하여 적용,
용도지역의 기능을
증진시키고 경관 · 안전
등을 도모하기 위하여
도시 · 군관리계획으로
결정하는 지역

용도구역
용도지역 및 용도지구의 제한을
강화하거나 완화하여 따로
정함으로써 시가지의 무질서한
확산방지, 계획적이고 단계적인
토지이용의 도모, 토지이용의
종합적 조정 · 관리 등을 위하여
도시 · 군관리계획으로
결정하는 지역

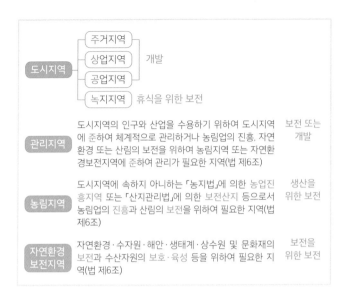

도시지역	주거지역	개발
	상업지역	
	공업지역	
	녹지지역	휴식을 위한 보전

관리지역	도시지역의 인구와 산업을 수용하기 위하여 도시지역에 준하여 체계적으로 관리하거나 농림업의 진흥. 자연환경 또는 산림의 보전을 위하여 농림지역 또는 자연환경보전지역에 준하여 관리가 필요한 지역(법 제6조)	보전 또는 개발
농림지역	도시지역에 속하지 아니하는 「농지법」에 의한 농업진흥지역 또는 「산지관리법」에 의한 보전산지 등으로서 농림업의 진흥과 산림의 보전을 위하여 필요한 지역(법 제6조)	생산을 위한 보전
자연환경보전지역	자연환경·수자원·해안·생태계·상수원 및 문화재의 보전과 수산자원의 보호·육성 등을 위하여 필요한 지역(법 제6조)	보전을 위한 보전

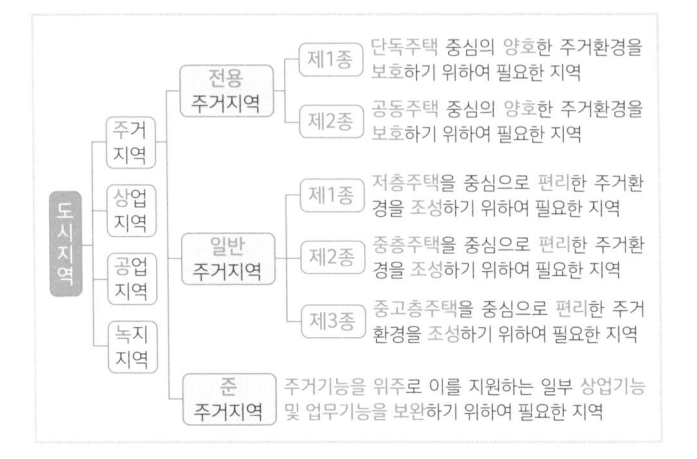

02 개발권양도제도(Transferable Development Right)

① **의의**: 개발제한으로 인해 규제되는 보전지역에서 발생하는 토지소유자의 손실을 보전하기 위한 제도이다.

② 개발권과 소유권을 분리하여 개발권을 부여받은 자가 이를 양도하거나 개발예정지역에서 본인이 이를 직접 행사할 수 있다.

③ 미국에 있어서 이 제도는 처음에는 역사적 유물보존, 환경오염방지 등 희소자원의 보전과 관련하여 발전하였으나, 오늘날에는 토지이용규제의 수단으로 활용되고 있다.

④ 환수와 보상을 조정하므로 토지이용규제에 따른 형평성의 문제를 어느 정도 해소해 줄 수 있다.

⑤ 그러나 이 제도는 개발가능지역에서 이미 설정된 규제상한선 이상으로 토지를 개발할 수 있음을 전제하기 때문에 개발가능지역의 과밀 및 혼잡을 가중시킴으로써 사회적 비용을 발생시키는 문제를 가지고 있다.

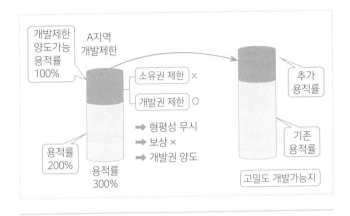

03 **지구단위계획제도**

① **의의**: 지구단위계획은 용도지역·지구제를 보완하는 제도로써, 도시·군계획 수립 대상지역의 일부에 대하여 토지이용을 합리화하고 그 기능을 증진시키며 미관을 개선하고 양호한 환경을 확보하며, 그 지역을 체계적·계획적으로 관리하기 위하여 수립하는 도시·군관리계획을 말한다.

② 「국토의 계획 및 이용에 관한 법률」 제2조(정의)

> 도시 · 군계획
> 특별시 · 광역시 · 특별자치시 · 특별자치도 · 시 또는 군의 관할 구역에
> 대하여 수립하는 공간구조와 발전방향에 대한 계획으로서
> 도시 · 군기본계획과 도시 · 군관리계획으로 구분한다.
>
> 도시 · 군기본계획
> 특별시 · 광역시 · 특별자치
> 시 · 특별자치도 · 시 또는 군의
> 관할 구역에 대하여
> 기본적인 공간구조와 장기발전
> 방향을 제시하는 종합계획
>
> 도시 · 군관리계획
> 특별시 · 광역시 · 특별자치시 ·
> 특별자치도 · 시 또는 군의
> 개발 · 정비 및 보전을 위하여 수립
> 하는 토지 이용, 교통, 환경, 경관,
> 안전, 산업, 정보통신, 보건, 복지,
> 안보, 문화 등에 관한 계획

04 토지적성평가제도

① **의의**: 토지적성평가는 토지의 토양, 입지, 활용가능성 등 토지의 적성에 대한 내용을 포함하여 적정한 이용가능성을 평가하는 것이다.

② 토지적성평가제도는 토지에 대한 개발과 보전의 경합이 발생했을 때 이를 합리적으로 조정하는 수단이다.

③ 대도시주변의 난개발 문제나 농지의 휴경지 문제 등을 합리적으로 해결하는 수단이다.

05 토지비축제도(land banking system)

① **의의**: 정부 등이 토지를 매입하여 보유하고 있다가 적절한 시기에 이를 매각하거나 공공용으로 사용함으로써 공익사업용지의 원활한 공급과 토지시장의 안정에 기여하기 위한 것으로, 토지의 공적 기능이 확대됨에 따라 그 필요성이 커지고 있다.

② 공익사업용지의 원활한 공급과 토지시장의 안정에 이바지함을 목적으로 한다.

06 토지공개념

① **의의**: 토지는 공공성과 사회성이 높기 때문에 토지의 소유와 이용에 있어서는 소유자의 개별적인 권익은 보호되어야 하지만 국가정책적 차원에서는 공공복리를 우선함으로써 유한한 국토자원의 효율적 이용을 추구하고자 하는 토지정책적 개념이다.

② 19세기 미국의 경제학자 헨리 조지(Henry George)가 토지공개념을 제시했고, 이후 다양한 방식으로 권한의 제한 또는 조세의 형태로 반영되었다.

③ 이러한 토지공개념에 입각한 정책 법안이라고 하면, 「택지소유 상한에 관한 법률」, 「개발이익 환수에 관한 법률」, 「토지초과이득세법」 등이 있으나, 「택지소유 상한에 관한 법률」은 위헌 판결로 폐지되었으며, 「토지초과이득세법」은 헌법 불합치 판정으로 폐지되었다.

07 개발이익의 환수제도

① **의의:** 개발이익이란 개발사업의 시행이나 토지이용계획의 변경, 그 밖에 사회적·경제적 요인에 따라 정상지가상승분을 초과하여 개발사업을 시행하는 자 또는 토지소유자에게 귀속되는 토지가액의 증가분을 말한다. 즉, 유·무형의 개발행위에 따라 발생하는 이득을 말한다.

② **개발이익의 환수:** 공공기관의 개발사업 등으로 토지소유자가 자신의 노력과는 관계없이 지가상승으로 현저한 이익을 얻을 경우에 국가는 개발부담금 부과 대상 사업이 시행되는 지역에서 발생하는 개발이익을 개발부담금으로 징수할 수 있다. 왜냐하면 개발이익이 불로소득적 성격이 있으므로 공공의 환수대상이 되는 것이다.

08 토지선매제도

토지선매란 토지거래허가구역 내에서 토지거래계약의 허가신청이 있을 때 공익목적을 위하여 사적 거래에 우선하여 국가·지방자치단체·한국토지주택공사 등이 그 토지를 매수할 수 있는 제도이다.

POINT 06 조세정책

01 조세의 분류

구분	취득단계	보유단계	처분단계
국세	인지세 상속세 증여세	종합부동산세 농어촌특별세	양도소득세
지방세	취득세	재산세	지방소득세

02 조세의 전가와 귀착

① **조세의 전가**: 다른 사람에게 세 부담을 이전하는 것을 말한다.

② **조세의 귀착**: 최종적으로 조세를 누가 부담하게 되는지를 말한다.

③ 비탄력적인 쪽(가격탄력성이 낮은 쪽)에서 조세를 더 많이 부담한다.

④ 재산세를 부과하는 경우

임대료 100만원

임대인

임차인

재산세 부과
(10만원)

- **수요가 비탄력적**: 임대료는 (재산세보다 적게) 상승한다.
- **수요가 완전비탄력적**: 임대료는 재산세만큼 상승한다.
- 수요가 완전탄력적 또는 공급이 완전비탄력적인 경우에는 임대료는 변화 없다.

03 조세의 경제적 효과

① **헨리 조지의 토지단일세론**: 토지에서 발생하는 지대수입을 100% 징세(환수)할 경우, 토지세 수입만으로 재정을 충당할 수 있기 때문에 토지세 이외의 모든 조세는 철폐하자고 주장하였다.

→ 토지공개념

② 양도세를 중과하는 경우

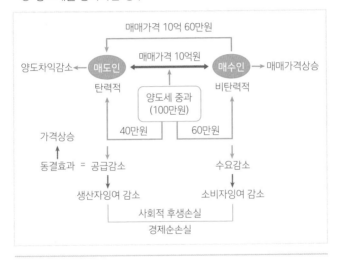

04 소득재분배

① 공급이 완전비탄력적이면 자원배분의 왜곡이 초래되지 않는다.

② 토지의 공급은 부증성 때문에 소득재분배 효과가 있다.

③ 토지의 공급이 비탄력적이기 때문에 토지세는 경제적 후생손실이 적게 발생하여 효율적인 세금이 된다.

PART 04

부동산투자론

 ▶ 기출 OX 문제

POINT 01 부동산투자의 위험과 수익률 ★★

01 부동산투자위험의 유형

구분	내용
사업상위험	부동산사업 자체로부터 연유하는 수익성에 관한 위험
시장위험	수요와 공급을 잘못 예측하여 발생하는 위험, 시장상황
운영위험	사무실 관리 미숙, 근로자의 파업 등으로 인하여 야기되는 위험
금융적 위험	부채 때문에 채무불이행가능성이 높아지는 위험(재정적 위험)
인플레이션 위험	인플레이션 때문에 화폐가치가 하락할 위험(구매력위험)
유동성위험	부동산의 현금화가 어려워 손실이 발생하는 위험
포트폴리오 위험	부동산투자행태로 인한 위험
체계적 위험	인플레이션, 경기변동, 모든·공통적 위험, 피할 수 없는 위험
비체계적 위험	개별적, 피할 수 있는 위험

02 투자자의 태도

① 위험회피형 **투자자**: 위험이 클수록 높은 수익을 요구하는 투자자를 말한다.

② 위험선호형 **투자자**: 높은 수익률을 획득하기 위해 위험을 기꺼이 감수하는 투자자를 말한다.

③ 위험중립형 **투자자**: 위험의 크기를 고려하지 않고, 기대수익에만 의존하는 투자자를 말한다.

03 관리방법

① 위험전가: 물가상승률만큼 임대료를 인상, 이자율 스왑, 보험, 헷징 등의 방법이 있다.

② 위험보유: 충당금 및 준비금 설정 등의 방법이 있다.

③ 위험회피: 투자를 기각한다.

④ 위험통제

- **보수적 예측**: 기대수익률을 하향조정, 요구수익률을 상향조정한다.

- **위험조정할인율**: 위험이 크면 할인율을 높게 조정하고, 작으면 낮게 조정한다.

- **민감도분석**: 투입요소가 변화함에 따라 그 결과치가 어떠한 영향을 받는가를 분석하는 방법이다.

- 평균분산결정법

- 포트폴리오

04 기대수익률

① **의의**: 예상수입과 예상지출로 계산되는 수익률을 말한다.

② **방법**: 각각의 수익률이 발생할 확률로 가중평균한다.

> 기대수익률 = 수익률 × 확률

05 요구수익률

① **의의**: 투자자에게 충족되어야 할 최소한의 수익률로서, 투자의 사결정의 기준이 된다.

② 구성

> 요구수익률 = 무위험률 ± 위험할증률(위험혐오도)

- **무위험률**: 아무런 위험 없이 얻을 수 있는 수익률로서, 정기 예금이자율 등이 있다.
- **위험할증률**: 투자에 수반되는 위험에 대한 대가로서, 투자자 의 개별적인 위험혐오도는 위험할증률에 반영되므로 위험 혐오도가 클수록 위험할증률이 커진다.

③ 관계
  - 기대수익률 ≧ 요구수익률 ➡ 투자채택
  - 기대수익률 > 요구수익률 ➡ 기대수익률은 점차 하락

06 실현수익률

투자가 이루어지고 난 후에 실제로 달성된 수익률을 말한다.

POINT 02 지렛대이론

01 지렛대이론의 의의와 종류

① 의의: 타인자본을 이용할 경우 부채비율 증감이 자기자본수익률에 미치는 효과를 말한다.

② 종류

정(正, +)의 지렛대효과	자기자본수익률(지분수익률) > 총자본수익률 (종합수익률) > 저당수익률(차입이자율)
부(負, -)의 지렛대효과	자기자본수익률 < 총자본수익률 < 저당수익률
중립적 지렛대효과	자기자본수익률 = 총자본수익률 = 저당수익률

02 지렛대이론의 특징

① **부채비율의 증감효과**: 정(+)의 지렛대효과란 부채비율이 커질수록 자기자본수익률이 더 상승하는 것을 말한다.

② '정(+)의 지렛대효과 ➡ 부(-)의 지렛대효과' 전환 원인
  • 대출이자율의 상승
  • 부동산가격의 하락

POINT 03 포트폴리오이론 ★

01 포트폴리오이론의 목적

비체계적 위험을 회피하고, 안정된 수익을 획득하는 데에 목적이 있다(수익률의 희생 없이 위험을 감소).

02 체계적 위험과 비체계적 위험

① 체계적 위험: 경기변동, 인플레이션, 이자율의 변화 등에 의하여 야기되는, 피할 수 없는 위험을 말한다.

② 비체계적 위험: 피할 수 있는 위험으로, 개별기업이 가진 위험, 상호 관련이 없는 위험을 말한다.

03 상관계수

① 분포양상을 나타내는 지표이다[서로 다른 방향 ➡ 상관계수는 음(-)의 값을 가진다].

② 상관계수는 -1에서 +1까지의 값을 가진다(상관계수가 -1이라면 비체계적 위험은 '0'이다).

③ 상관계수가 +1일 경우를 제외하면 정도의 차이는 있지만 포트폴리오 효과는 있다.

04 최적의 포트폴리오

① 효율적 포트폴리오: 평균-분산지배원리를 만족하는 포트폴리오를 말한다.

② 효율적 투자선(Efficient frontier, 효율적 전선)
- 효율적 포트폴리오를 모두 연결한 선, 즉 평균-분산법을 만족시키는 포트폴리오 집합을 말한다.
- **우상향**: 더 높은 수익을 얻기 위해 추가 위험부담하기 때문이다.

③ 최적의 포트폴리오: 효율적 투자선과 무차별곡선이 접하는 지점에서 결정된다.

05 평균-분산결정법

① **평균-분산지배원리**: 합리적인 투자자라면 두 개의 투자대안에 기대수익률이 같으면 위험이 적은 자산에 투자하고, 위험이 같으면 기대수익률이 큰 자산에 투자한다. 즉, 수익이 높으면서 위험이 작은 투자안을 선택할 것이다. 이를 평균-분산지배원리라 한다.

② 투자대안별 기대수익률과 분산

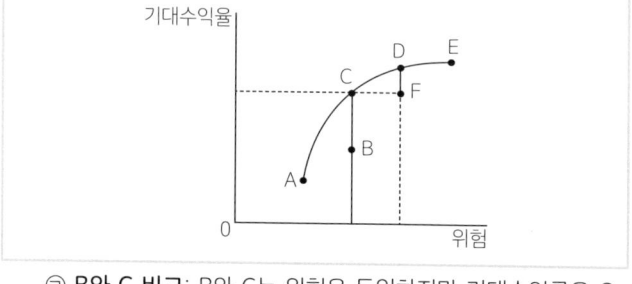

⊙ **B와 C 비교**: B와 C는 위험은 동일하지만 기대수익률은 C
가 더 높다. 이 경우 투자대안 C가 투자대안 B를 지배한다.

⊙ **C와 F 비교**: C와 F는 기대수익률은 동일하지만 위험은 C
가 더 낮다. 이 경우 투자대안 C가 투자대안 F를 지배한다.

⊙ 이와 같은 투자안 선택기준을 가리켜 '지배원리'라 한다. 이
러한 지배원리에 입각한 효율적 집합은 A, C, D, E가 된다
고 할 수 있다.

③ 변이계수

$$\text{변이계수} = \frac{\text{표준편차}}{\text{기대수익률}}$$

기대수익률과 표준편차(위험)의 우선순위가 엇갈릴 때는 평균-분산지배원리로 의사결정을 할 수 없다. 이때는 위험에 대한 투자자의 태도에 따라 개별적으로 판단해야 한다. '앞의 그림 투자대안별 기대수익률과 분산'에서 C와 D를 비교하면 D가 기대수익률도 높으면서 위험도 높다. 따라서 평균-분산지배원리를 이용해서 투자결정을 할 수 없다. 이처럼 평균-분산지배원리를 적용할 수 없을 때 변이계수를 사용한다. ➡ 변이계수란 수익률 1%를 올리기 위해 위험을 얼마나 감수해야 하는지를 나타낸다.

㉠ 변이계수는 수익률 단위당 위험도이므로, 변이계수가 낮을수록 위험이 작다는 것을 의미한다.

㉡ 변이계수가 작을수록 수익률을 높이기 위해 위험을 덜 감수한다는 의미이다.

㉢ 평균-분산지배원리로 투자의 우선순위를 판단할 수 없을 때, 변이계수가 작은 투자대안을 일반적으로 선택하게 된다. 따라서 변이계수는 평균-분산지배원리로 해결하기 어려울 때 그 대안이 될 수 있다.

POINT 04 화폐의 시간가치 ★★

01 구분

① 현가(계수) vs 내가(계수)
  - **현가**: 할인, 환원, 현재가치
  - **내가**: 할증, n년 후, 미래가치
② 일시불 vs 연금

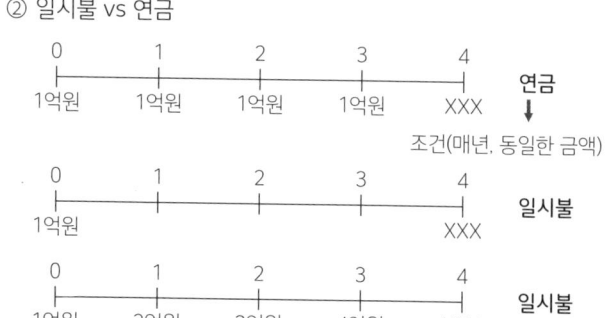

02 감채기금계수 vs 저당상수

① 감채기금계수
- n년 후 1억원을 만들기 위해 매월 말 적립해야 할 액수를 구할 때 사용한다.
- 甲은 5년 후 주택구입에 필요한 자금 3억원을 모으기 위해 매년 말 불입해야 하는 적금액을 계산하려고 한다.
  → 3억원 × 감채기금 = 적립액

② 저당상수
- 1억원 대출을 받았을 때 매월 상환할 금액을 구할 때 사용한다.
- 甲은 은행으로부터 주택구입자금을 1억원 대출받았는데, 5년간 매년 말에 상환할 금액을 계산하려고 한다.
  → 1억원 × 저당상수 = 상환액

03 화폐의 시간가치의 역수 관계

① 현재가치 ↔ 미래가치
② 일시불의 현가계수 ↔ 일시불의 내가계수
③ 연금의 현가계수 ↔ 저당상수
④ 연금의 내가계수 ↔ 감채기금계수

04 공식의 활용

① 일시불의 현가(계수)는 할인율이 상승할수록 작아진다.
② 저당상수는 할인율이 상승할수록 커진다.
③ 일시불의 내가(계수)는 할인율이 상승할수록 커진다.
④ 감채기금계수는 할인율이 상승할수록 작아진다.

POINT 05 현금수지측정 ★★

01 소득이득구조

① **순영업소득**: 유효총소득에 각종 영업비용을 차감한 소득으로 부동산운영을 통해 순수하게 귀속되는 영업소득이다.

② **세전현금흐름**: 지분투자자에게 귀속되는 세전소득을 말하는 것으로, 순영업소득에 부채서비스액을 차감한 소득이다.

③ 부채서비스액 = 원리금상환액 = 월 부금 = 저당지불액

> 저당지불액 = 저당대부액 × 저당상수

02 영업경비 삭제항목

① 공실 및 대손충당금

② 부채서비스액

③ 영업소득세(취득세는 삭제항목 vs 재산세는 포함항목)

④ 감가상각비

⑤ 개인적 업무비

⑥ 소유주급여 및 인출금

03 영업소득세(세전현금수지) 구조

	순영업소득		세전현금수지
+	대체충당금		대체충당금
−	이자지급분	+	원금상환분
−	감가상각액	−	감가상각액
	과세소득		과세소득
×	세율	×	세율
	영업소득세		영업소득세

할인현금수지분석법(DCF) ★★

01 순현가(NPV)법

① **의의**: '현금유입의 현재가치 − 현금유출의 현재가치'이다.
② **r(재투자수익률, 할인율)**: 요구수익률로서, 투자주체가 결정한다.

02 내부수익률(IRR)법

① **의의**: '현금유입의 현재가치 = 현금유출의 현재가치'로 만드는 할인율이다.
② **r(재투자수익률, 할인율)**: 내부수익률로서 투자대상 자산이 결정한다.

03 수익성지수(PI)법

① 의의
- 현금유출의 현가에 대한 현금유입의 현가의 비율
- 현금유입의 현가를 현금유출의 현가로 나눈 값

② r(재투자수익률, 할인율): 요구수익률로서, 투자주체가 결정한다.

04 상호비교

① NPV = 0 ➜ 내부수익률 = 요구수익률 ➜ PI = 1
② NPV > 0 ➜ 내부수익률 > 요구수익률 ➜ PI > 1
③ NPV < 0 ➜ 내부수익률 < 요구수익률 ➜ PI < 1
④ 내부수익률은 NPV = 0, PI = 1로 만드는 수익률이다.

POINT 07 어림셈법 ★★

01 개념

① 어림셈법에는 승수법과 수익률법이 있다.
  • 승수는 수익 대비 투자액의 비율이므로 승수는 작을수록 유리하다.
  • 수익률은 투자액 대비 순수익의 비율이므로 수익률은 클수록 유리하다.
② 어림셈법은 부동산을 보유하고 있는 기간 중에 발생하는 소득이득 중에서 한 해의 소득을 기준으로 하며, 처분시 발생하는 자본이득은 고려하지 않는 방법이다.
③ 어림셈법은 화폐의 시간가치를 고려하지 않는 비할인기법이다.

02 각종 승수

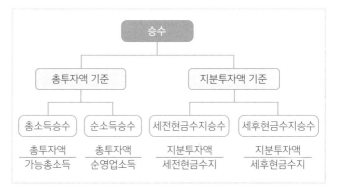

03 승수법과 수익률법의 비교

구분	승수법		수익률법	
종류	총소득승수	$\dfrac{총투자액}{총소득}$	–	–
	순소득승수	$\dfrac{총투자액}{순영업소득}$	종합자본환원율	$\dfrac{순영업소득}{총투자액}$
	세전현금수지승수	$\dfrac{지분투자액}{세전현금수지}$	지분배당률	$\dfrac{세전현금수지}{지분투자액}$
	세후현금수지승수	$\dfrac{지분투자액}{세후현금수지}$	세후수익률	$\dfrac{세후현금수지}{지분투자액}$

PART
05

부동산금융론

▶ 기출 OX 문제

★ 최근 5개년 2~3회 기출
★★ 최근 5개년 4~5회 기출

POINT 01 부동산금융의 기초

01 부동산금융

① 부동산을 운용대상으로 하여 자금을 조달하는 일련의 과정이다.

② 부동산의 개발, 취득 등의 목적으로 화폐와 신용을 이전하기 위해 사용되는 제도, 시장과 관계된 영역을 말한다.

02 부동산금융의 종류

구분	종류
지분금융	부동산신디케이트, 조인트벤처, 부동산투자회사(REITs), 「자본시장과 금융투자업에 관한 법률」에 의한 부동산간접투자펀드, 공모에 의한 증자, 주식 등
부채금융	저당금융, 신탁금융, 주택상환사채, 자산담보증권(ABS), 주택저당담보부 증권(MBS), 이체증권(MPTS) 등
메자닌금융	신주인수권부 사채, 전환사채, 후순위대출, 자산매입조건부 대출, 우선주 등

01 고정금리 vs 변동금리

① 고정금리에서 위험을 부담하는 측: 대출자

② 변동금리에서 위험을 부담하는 측: 차입자

02 원금균등상환방식 vs 원리금균등상환방식 vs 체증식 상환방식

① **원금균등상환방식**: 상환후기로 갈수록 원금상환분은 일정(균등)하고 이자지급분은 감소하므로 전체 상환액의 크기가 감소하는 방식이다.

② **원리금균등상환방식**: 상환후기로 갈수록 원금상환분은 증가하고 이자지급분은 감소하지만, 전체 상환액의 크기에는 변화가 없는 방식이다.

③ **체증식 (융자금)상환방식**: 원리금상환액 부담을 초기에는 적게 하는 대신 점차 그 부담액을 늘려 가는 방식으로, 장래에 소득이나 매출액이 늘어날 것으로 예상되는 젊은층에서 선호하는 방식이다.

④ 상호비교

1회차 이자지급액	원금균등 = 원리금균등
대출 초기 저당지출액 크기	원금균등 > 원리금균등 > 체증식
대출기간 만기까지 대출기관의 총 이자수입 크기	체증식 > 원리금균등 > 원금균등
중도상환하는 경우 미상환저당잔금 크기	체증식 > 원리금균등 > 원금균등

03 주택담보대출

> 대출금리 = 기준금리 + 가산금리

① 기준금리가 변하여 대출금리가 변동하는 변동금리방식이다.
② 가산금리(대출금리가 인상하는 요인)
  - 인플레이션의 상승 예상
  - 콜금리 인상
  - 지급준비율 인상
  - 우대금리 폐지
  - 차입자의 신용상태 불안정

01 1차 저당대출시장 vs 2차 저당대출시장

① 1차 저당대출시장

- 저당대부를 원하는 차입자와 저당대부를 제공하는 금융기관으로 이루어진 시장이다.
- 부동산저당담보채권이 설정되는 시장이다.

② 2차 저당대출시장

- 저당대출기관(예 은행, HF 등)과 투자자들 사이에 저당을 사고파는 시장이다.
- 부동산저당담보채권의 유동화가 되는 시장이다.
- 2차 저당시장은 1차 저당시장에 자금을 공급하는 역할을 한다.

구분	MPTS	MBB	MPTB	CMO
발행형태	지분형	채권형	혼합형	혼합형
주택저당 채권의 소유권	투자자 매각	발행기관 보유	발행기관 보유	발행기관 보유
채무불이행 위험 부담자	투자자	발행기관	발행기관	발행기관
원리금수취권	투자자 이전	발행자 보유	투자자 이전	투자자 이전
조기상환 위험 부담자	투자자	발행자	투자자	투자자
콜방어	불가능	가능	불가능	장기 투자자 가능
초과담보	없음	있음	있음	있음

자기관리 R 실체형

자산운용 전문인력 → 임·직원 상근 → 투자·운용을 직접 수행

┌─ 감정평가사·공인중개사 → 5년
└─ 석사학위 이상 소지자 → 3년

위탁관리 R 명목형 ┐ 본점 ○

위탁 → 자산관리회사 지점 ×

직원 ×

기업구조조정 R 명목형 상근임원 ×

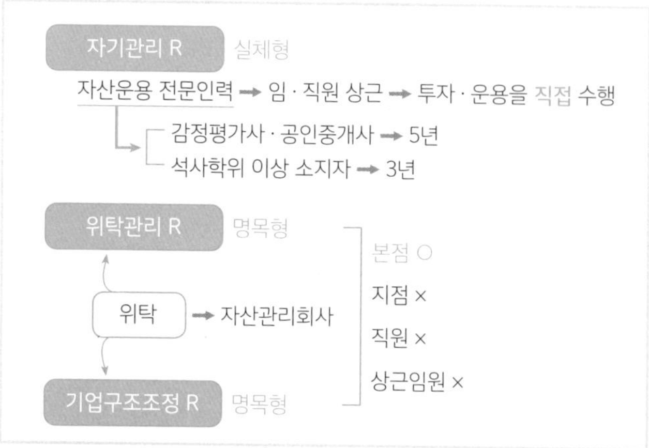

01 부동산투자회사의 종류

① 자기관리 부동산투자회사

- 자산운용 전문인력을 포함한 임직원을 상근으로 두고 자산의 투자·운용을 직접 수행하는 회사를 말한다.
- 자산운용 전문인력: 감정평가사·공인중개사는 5년 이상, 석사학위 이상 소지자는 3년 이상 부동산 관련 분야에 종사한 사람을 말한다.

② 위탁관리 부동산투자회사
- 자산의 투자 운용을 자산관리회사에 위탁하는 회사를 말한다.
- 명목회사이며, 본점 이외의 지점을 설치할 수 없으며, 직원을 고용하거나 상근 임원을 둘 수 없다.
③ 기업구조조정 부동산투자회사
- 자산의 투자 운용을 자산관리회사에 위탁하는 회사를 말한다.
- 명목회사이며, 본점 이외의 지점을 설치할 수 없으며, 직원을 고용하거나 상근 임원을 둘 수 없다.

02 부동산투자회사별 자본금

구분	설립 자본금	최저 자본금
자기관리 부동산투자회사	5억원 이상	70억원 이상
위탁관리 부동산투자회사	3억원 이상	50억원 이상
기업구조조정 부동산투자회사	3억원 이상	50억원 이상

03 부동산투자회사별 특징

구분	등록 · 인가	자산운용 전문인력	1인당 주식 소유한도
자기관리 부동산 투자회사	인가	5인 이상	100분의 50을 초과할 수 없음
위탁관리 부동산 투자회사	등록	없음	100분의 50을 초과할 수 없음
기업구조조정 부동산투자회사	등록	없음	제한 없음
자산관리회사	인가	5인 이상	–
부동산투자 자문회사	등록	3인 이상	–

POINT 05 프로젝트금융(PF; project financing) ★

01 사업주

① 비소구금융: 상환에 따른 위험을 금융기관에 전가한다.

② 부외금융: 재무상태표에 부채로 계상되지 않아 기존의 대출한 도에 영향을 미치지 않는다.

③ 사업주의 신용이 불량해도 프로젝트 자체의 수익성만을 바탕으로 자금 조달이 가능하다.

02 은행

① 위탁관리계좌(escrow account)의 운영

② 시공사에 책임준공 의무를 부담하게 한다.

③ 시공사의 신용보강을 요구한다.

④ 시행사·시공사에 추가출자를 요구한다.

⑤ 부도 등과 같은 사유가 발생할 경우 사업권이나 시공권을 포기 하겠다는 각서를 받는다.

PART
06

부동산개발

▶ 기출 OX 문제

★★ 칠교 5개판 4~5회 기출

★ 칠교 5개판 2~3회 기출

POINT 01 부동산개발

01 개념 - 「부동산개발업의 관리 및 육성에 관한 법률」

① **부동산개발**: 토지를 건설공사의 수행 또는 형질변경의 방법으로 조성하는 행위나, 건축물을 건축 · 대수선 · 리모델링 또는 용도변경하거나 공작물을 설치하는 행위를 말한다. 다만, 시공을 담당하는 행위는 제외한다.

② **부동산개발업**: 타인에게 공급할 목적으로 부동산개발을 수행하는 업을 말한다.

02 부동산개발의 위험

① **시장위험**: 공사기간 중, 미분양 등 시장의 불확실성으로 발생하는 위험을 말한다.

② **비용위험**: 인플레이션 발생, 개발기간이 장기화 되는 경우 등으로 발생하는 위험을 말한다.

③ **법적 위험**: 토지이용규제 등 공법적 측면과 소유권 분쟁 등 사법적 측면으로 발생하는 위험을 말한다.

03 부동산개발의 타당성분석

① **지역경제분석(인근지역분석)**
- 부동산 전체에 대한 수요를 분석하는 과정이다.
- 개발에 영향을 미치는 환경요소의 현황과 전망을 분석한다.

② **시장분석**
- 특정부동산에 관련된 시장의 수요와 공급상황을 분석한다.
- 시장세분화(수요자), 시장차별화(공급)

③ **시장성분석**: 흡수율분석(미래의 매매 또는 임대될 수 있는 가능성)

④ **예비적 타당성분석**: 수익과 비용을 개략적으로 계산해 수익성을 검토한다.

⑤ **타당성분석**

⑥ **투자결정분석**

01 「도시 및 주거환경정비법」

① **주거환경개선사업:** 도시저소득 주민이 집단거주하는 지역으로서 정비기반시설이 극히 열악하고 노후 · 불량건축물이 과도하게 밀집한 지역의 주거환경을 개선하거나 단독주택 및 다세대주택이 밀집한 지역에서 정비기반시설과 공동이용시설 확충을 통하여 주거환경을 보전 · 정비 · 개량하기 위한 사업을 말한다.

② **재개발사업:** 정비기반시설이 열악하고 노후 · 불량건축물이 밀집한 지역에서 주거환경을 개선하거나 상업지역 · 공업지역 등에서 도시기능의 회복 및 상권활성화 등을 위하여 도시환경을 개선하기 위한 사업을 말한다.

③ **재건축사업:** 정비기반시설은 양호하나 노후 · 불량건축물에 해당하는 공동주택이 밀집한 지역에서 주거환경을 개선하기 위한 사업을 말한다.

02 부동산개발의 형태

① 철거재개발

② 개량재개발

③ **수복재개발:** 현재의 시설을 대부분 그대로 유지하고, 노후 · 불량화 요인만 제거하는 것을 말한다.

④ **보전재개발:** 앞으로 노후 · 불량화를 우려하여 사전에 노후 · 불량화의 진행을 방지하는 것을 말한다.

03 토지취득방식

① **환지방식**: 토지소유자에게 무상으로 환지(재분배)하는 방식이며, 개발이익은 토지소유자와 사업자가 향유하게 된다.

② **수용방식(매수방식)**: 개발이익이 공공으로 환수되는 방식이며, 사업시행이 간단하고 용이하지만 초기 사업비 부담이 큰 방식이다.

③ **혼용방식**: 환지방식과 수용방식을 혼합한 방식이다.

04 민간투자방식

① BTO방식
- 건설(build)-귀속(transfer)-운영(operate)
- 민간이 SOC를 건설과 동시에 해당 시설의 소유권이 국가 등에 귀속되며 일정기간 동안 사업시행자가 운영한다.

② BTL방식
- 준공(build)-귀속(transfer)-임차(lease)
- 사회기반시설의 준공과 동시에 해당 시설의 소유권이 국가 또는 지방자치단체에 귀속되며, 사업시행자에게 일정기간의 시설관리운영권을 인정하되, 그 시설을 국가 또는 지방자치단체 등이 협약에서 정한 기간 동안 임차하여 사용 · 수익하는 방식을 말한다.

③ BOT방식
- 건설(build)-운영(operate)-이전(transfer)
- 민간이 SOC를 건설한 후 운영을 통해 투자비를 회수하고 수익을 창출한 다음, 시설을 정부에 이전한다.

④ BOO방식

- 건설(build)-보유(own)-운영(operate)
- 민간사업자가 자금을 조달하여 시설을 건설하고, 준공과 함께 민간사업자가 해당 시설의 소유권과 운영권을 갖는 방식을 말한다.

05 부동산개발방식에 따른 분류

① 토지개발신탁방식

- (형식적) 소유권이전
- 사업주체는 신탁회사가 된다.
- 완료시까지 수탁자 명의로 이루어진다.
- 개발이익은 토지소유자와 신탁회사가 공유한다.

② 사업수탁방식

- 토지소유자가 개발사업자에게 사업시행을 의뢰하고, 개발업자는 사업시행에 대한 수수료를 취하는 방식이다.
- 사업전반이 토지소유자의 명의로 행해지므로 개발사업에 대한 수익은 토지소유자에게 100% 귀속된다.

③ 등가교환방식: 토지소유자가 소유한 토지 위에 개발업자가 자금을 부담하여 건축하고, 완성된 건물의 건축면적을 토지소유자와 개발업자가 전체 투입자금 비율(제공된 토지가격과 공사비의 비율)로 나누는 공동방식이다.

PART 07

부동산관리

▶ 기출 OX 문제

01 시설관리

① 부동산시설을 운영하고 유지하는 것이다.
② 소극적 관리
③ 설비, 기계운영, 유지보수, 에너지 · 방범, 환경관리 등

02 자산관리

① 소유주나 기업의 부를 극대화한다.
② 적극적 관리
③ 자산 · 부채, 매수 및 매각 관리, 리모델링 투자 등

POINT 02 부동산관리의 방식 ★

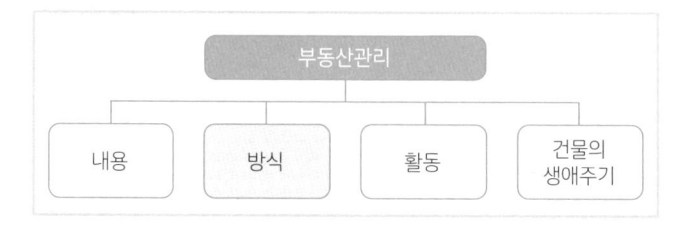

01 직접관리(자치 · 자가관리)

① 고장 등 유사시 협동이 신속하고, 통합적 운영이 용이하다.
② 강한 지시통제력을 발휘, 기밀유지와 보안관리 및 부동산설비에 대한 애호정신이 높다.
③ 관리업무에 대한 적극적 의욕이 결여된다(매너리즘).

02 간접관리(외주 · 위탁관리)

① 전문적 계획관리와 서비스를 받을 수 있다.
② 관리업무의 매너리즘(타성화)을 방지할 수 있다.

03 혼합관리

① 필요한 부분만 선별하여 위탁한다.
② 책임소재가 불분명하다.

구분	임차인 선정의 기준	임대차 유형
주거용 부동산	유대성	총임대차
매장용 부동산	가능매상고	비율임대차
공업용 부동산	적합성	순임대차

POINT 04 건물의 생애주기

```
                    부동산관리
         ┌──────────┬──────────┬──────────┐
      ┌──┴──┐    ┌──┴──┐    ┌──┴──┐    ┌──┴──┐
      │ 내용 │    │ 방식 │    │ 활동 │    │건물의│
      │     │    │     │    │     │    │생애주기│
      └─────┘    └─────┘    └─────┘    └─────┘
```

01 유용성

① 물리적 · 기능적 유용성이 최고인 단계 ➡ 신축단계
② 물리적 · 기능적 유용성이 악화인 단계 ➡ 노후단계
③ 경제적 유용성 중시 단계 ➡ 안정단계

02 추가투자

① 추가투자가 가장 효과적인 단계 ➡ 안정단계
② 추가투자를 하지 않는 것이 효과적인 단계 ➡ 노후단계

PART 08

부동산마케팅

▶ 기출 OX 문제

01 **시장점유마케팅전략**

① 매도자의 전략차원   ② 표적시장, 틈새시장

③ STP전략   ④ 4P mix전략

02 **고객점유마케팅전략**

① 매수자의 전략차원

② 심리적 접점을 마련

③ 메시지의 톤과 강도를 조절

④ AIDA**원리**: Attention, Interest, Desire, Action

03 **관계마케팅전략**

① 매도자와 매수자의 상호작용   ② 장기적·지속적인 관계 유지

③ 브랜드(Brand)

POINT 02 STP전략

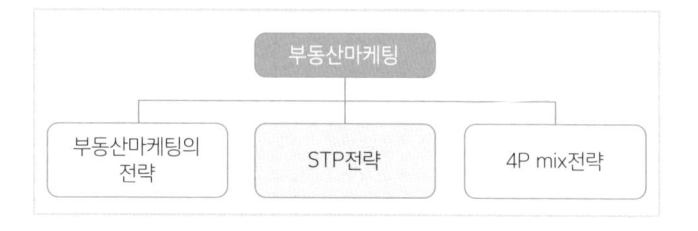

---

① **시장세분화(Segmentation)**: 소비자를 기호·소득·나이 등으로 나눈다.

② **표적시장(Targeting)**: 세분화된 수요자 집단에서 경쟁상황과 자신의 능력을 고려하여 가장 자신 있는 수요자 집단을 찾아내는 것을 말한다.

③ **차별화(Positioning)**: 동일한 표적시장을 갖는 다양한 공급경쟁자들 사이에서 자신의 상품을 어디에 위치시킬 것인가를 결정하는 전략이다.

POINT 03 4P mix전략

표적시장에 도달하기 위해 이용되는 마케팅요소의 조합을 말한다.

① 제품(Product)전략: 단지 내 실개천 설치, 보안설비의 디지털화, 지상주차장의 지하화 등

② 가격(Price)전략

 • **시가정책**: 경쟁사의 가격을 추종하는 정책이다.

 • **저가정책**: 기존제품으로 기존시장에 들어갈 때 침투가격전략, 시장점유율을 확대할 때 활용한다.

 • **신축가격정책**: 위치, 방위, 층, 지역 등에 따라 다른 가격으로 판매하는 정책이다.

③ 유통경로(Place)전략: 중개업소, 분양대행사 등을 이용한다.

④ 판매촉진(Promotion)전략: 경품 제공이나, 매체 등을 활용한다.

MEMO

PART
09

감정평가론

▶ 기출 OX 문제

01 감정평가이론

① 감정평가의 분류(「감정평가에 관한 규칙」 제7조)

ㄱ 대상물건마다 개별로 해야 한다.

ㄴ 일체로 거래 (중략) 대상물건 상호간에 용도상 불가분의 관계가 있는 경우에는 일괄하여 감정평가할 수 있다.

ㄷ 가치를 달리하는 부분은 이를 구분하여 감정평가할 수 있다.

ㄹ 일부분에 대하여 감정평가해야 할 이유가 있는 경우에는 그 부분에 대해 감정평가할 수 있다.

② 부동산가치이론

　　㉠ 가격 vs 가치

가격	가치
• 교환의 대가, 매수자가 실제 지불한 금액 • 대상부동산에 대한 과거의 값 • 특정시점에 하나만 존재 • 객관적 · 구체적인 개념	• 장래 편익을 현재가치로 환원한 값 • 대상부동산에 대한 현재의 값 • 가치다원설(다원적 개념) • 주관적 · 추상적인 개념

　　㉡ 가치형성과정

- 가치형성요인은 가격발생요인에 영향을 준다.
- 부동산가치는 유용성과 유효수요, 그리고 상대적 희소성의 상호작용으로 발생한다.
- 유용성이란 인간의 필요나 욕구를 만족시켜 줄 수 있는 재화의 능력이다.
- 상대적 희소성이란 인간의 욕망에 비해 욕망의 충족 수단이 질적 · 양적으로 한정되어 있어서 부족한 상태이다.
- 유효수요란 어떤 물건을 구입할 의사와 대가를 지불할 수 있는 능력을 갖춘 수요를 말한다.
- 이전성이란 부동산의 소유권이 수요자에게 자유롭게 이전될 수 있어야 한다는 것을 말한다(법률적 측면).
- 가격의 이중성이란 부동산의 가격은 수요 · 공급의 관계에 의하여 결정되고, 일단 가격이 결정되면 그 가격은 수요 · 공급에 영향을 미쳐 수급을 조절한다는 것을 말한다.

③ 지역분석 vs 개별분석

지역분석	개별분석
㉠ 선행	㉠ 후행
㉡ 가격수준	㉡ (구체적) 가격
㉢ 표준적 이용	㉢ 최유효이용
㉣ 적합의 원칙	㉣ 균형의 원칙
㉤ 부동성과 인접성	㉤ 부동성과 개별성

④ **가치제원칙** – 균형의 원칙 vs 적합의 원칙

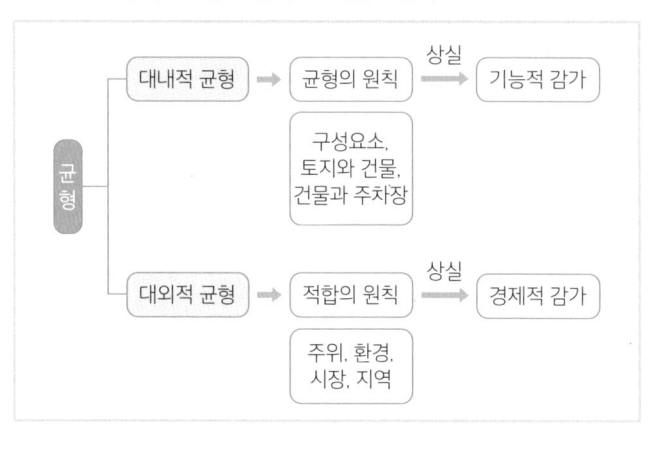

① 감정평가 3방식 7방법의 분류

가치3면성	3방식	감정평가 7방법
비용성	원가방식	가액 - 원가법
		임대료 - 적산법
시장성	비교방식	가액 - 거래사례비교법
		임대료 - 임대사례비교법
		공시지가기준법
수익성	수익방식	가액 - 수익환원법
		임대료 - 수익분석법

② 감정평가 3방식(규칙 제11조)

- **원가방식**: 원가법 및 적산법 등 비용성의 원리에 기초한 감정평가 방식
- **비교방식**: 거래사례비교법, 임대사례비교법 등 시장성의 원리에 기초한 감정평가방식 및 공시지가기준법
- **수익방식**: 수익환원법 및 수익분석법 등 수익성의 원리에 기초한 감정평가방식

③ 감정평가 7방법 공식

구분	공식
원가법	적산가액 = 재조달원가 - 감가누계액
적산법	적산임대료 = (기초가액 × 기대이율) + 필요제경비
거래사례비교법	비준가액 = 사례가액 × (사정보정치 × 시점수정치 × 지역요인 비교치 × 개별요인 비교치 × 면적보정치)
임대사례비교법	
공시지가기준법	토지가액 = 비교표준지 × (시점수정치 × 지역요인 비교치 × 개별요인 비교치 × 그 밖의 요인)
수익환원법	수익가액 = $\dfrac{순영업소득}{환원이율}$
수익분석법	수익임대료 = 순수익 + 필요제경비

④ 가액 산정 방식
- **원가법**: 대상물건의 재조달원가에 감가수정을 하여 대상물건의 가액을 산정하는 방식이다.
- **거래사례비교법**: 대상물건의 현황에 맞게 사정보정, 시점수정, 가치형성요인 비교 등 과정을 거쳐 대상물건의 가액을 산정하는 방식이다.
- **공시지가기준법**: 비교표준지의 공시지가를 기준으로 대상토지의 현황에 맞게 시점수정, 지역요인 및 개별요인의 비교, 그 밖의 요인의 보정을 거쳐 대상토지의 가액을 산정하는 방식이다.
- **수익환원법**: 장래 산출할 것으로 기대되는 순수익이나 미래의 현금흐름을 환원하거나 할인하여 대상물건의 가액을 산정하는 방식이다.

⑤ 임대료 산정 방식
- **적산법**: 대상물건의 기초가액에 기대이율을 곱해 산정된 기대수익에 대상물건을 계속하여 임대하는 데에 필요한 경비를 더해 대상물건의 임대료를 산정하는 방식이다.
- **임대사례비교법**: 대상물건의 현황에 맞게 사정보정, 시점수정, 가치형성요인 비교 등 대상물건의 임대료를 산정하는 방식이다.
- **수익분석법**: 순수익에 대상물건을 계속하여 임대하는 데에 필요한 경비를 더해 대상물건의 임대료를 산정하는 방식이다.

POINT 02 「감정평가에 관한 규칙」 ★★

01 용어(규칙 제2조)

① **시장가치**: 감정평가의 대상이 되는 토지등(이하 '대상물건')이 통상적인 시장에서 충분한 기간 동안 거래를 위하여 공개된 후 그 대상물건의 내용에 정통한 당사자 사이에 신중하고 자발적인 거래가 있을 경우 성립될 가능성이 가장 높다고 인정되는 대상물건의 가액을 말한다.

② **기준시점**: 감정평가액을 결정하는 기준이 되는 날짜이다.

③ **기준가치**: 감정평가의 기준이 되는 가치이다.

④ **가치형성요인**: 대상물건의 경제적 가치에 영향을 미치는 일반요인, 지역요인 및 개별요인 등이다.

⑤ **인근지역**: 대상부동산이 속한 지역으로서 부동산의 이용이 동질적이고 가치형성요인 중 지역요인을 공유하는 지역이다.

⑥ **유사지역**: 대상부동산이 속하지 아니하는 지역으로서 인근지역과 유사한 특성을 갖는 지역이다.

⑦ **동일수급권**: 인근지역과 유사지역을 포함한다.

⑧ **감가수정**: 대상물건에 대한 재조달원가를 감액하여야 할 요인이 있는 경우에 물리적 감가, 기능적 감가 또는 경제적 감가 등을 고려하여 그에 해당하는 금액을 재조달원가에서 공제하여 기준시점에 있어서의 대상물건의 가액을 적정화하는 작업을 말한다.

02 시장가치기준 원칙(규칙 제5조)

① 대상물건에 대한 감정평가액은 시장가치를 기준으로 결정한다.

② 시장가치 외의 가치를 기준으로 결정할 수 있다.
- 법령에 다른 규정이 있는 경우
- 의뢰인이 요청하는 경우
- 목적이나 대상물건의 특성에 비추어 사회통념상 필요하다고 인정되는 경우

③ 감정평가의 합리성 및 적법성이 결여되었다고 판단할 때에는 의뢰를 거부하거나 수임을 철회할 수 있다.

03 감정평가의 절차 및 기본적 사항의 확정

감정평가의 절차(규칙 제8조)	기본적 사항의 확정(규칙 제9조)
① 기본적 사항의 확정	① 의뢰인
② 처리계획 수립	② 대상물건
③ 대상물건 확인	③ 감정평가목적
④ 자료수집 및 정리	④ 기준시점
⑤ 자료검토 및 가치형성요인의 분석	⑤ 감정평가조건
	⑥ 기준가치
⑥ 감정평가방법의 선정 및 적용	⑦ 관련 전문가에 대한 자문 또는 용역에 관한 사항
⑦ 감정평가액의 결정 및 표시	⑧ 수수료 및 실비에 관한 사항

04 감정평가방법의 적용 및 시산가액 조정(규칙 제12조)

① 주된 방법을 적용하여 감정평가해야 한다.

② 시산가액을 다른 감정평가방식에 속하는 하나 이상의 감정평가방법으로 산출한 시산가액과 비교하여 합리성을 검토해야 한다.

③ 시산가액의 합리성이 없다고 판단되는 경우에는 주된 방법 및 다른 감정평가방법으로 산출한 시산가액을 조정하여 감정평가액을 결정할 수 있다.

① 유형자산의 감정평가(규칙 제14조~제22조)

토지	⊙ 감정평가법인등은 토지를 감정평가할 때에는 공시지가기준법을 적용해야 한다.
	ⓒ 다음 각 순서에 따라야 한다.
	  • 비교표준지 선정
	  • 시점수정
	  • 지역요인 비교
	  • 개별요인 비교
	  • 그 밖의 요인 보정
	ⓒ 적정한 실거래가를 기준으로 토지를 감정평가할 때에는 거래사례비교법을 적용해야 한다.

건물	감정평가법인등은 건물을 감정평가할 때에 원가법을 적용해야 한다.
토지와 건물의 일괄	토지와 건물을 일괄하여 감정평가할 때에는 거래사례비교법을 적용해야 한다.
산림	⊙ 산림을 감정평가할 때에 산지와 입목을 구분하여 감정평가해야 한다. ⓒ 이 경우 입목은 거래사례비교법을 적용하되, 소경목림인 경우에는 원가법을 적용할 수 있다.
과수원	과수원을 감정평가할 때에 거래사례비교법을 적용해야 한다.

공장재단 및 광업재단	㉠ 감정평가법인등은 공장재단을 감정평가할 때에 공장재단을 구성하는 개별물건의 감정평가액을 합산하여 감정평가해야 한다. ㉡ 감정평가법인등은 광업재단을 감정평가할 때에 수익환원법을 적용해야 한다.
자동차 등	㉠ 자동차를 감정평가할 때에 거래사례비교법을 적용해야 한다. ㉡ 건설기계를 감정평가할 때에 원가법을 적용해야 한다. ㉢ 선박을 감정평가할 때에 선체·기관·의장별로 구분하여 감정평가하되 각각 원가법을 적용해야 한다. ㉣ 항공기를 감정평가할 때에 원가법을 적용해야 한다. ㉤ 본래 용도의 효용가치가 없는 물건은 해체처분액으로 감정평가할 수 있다.
동산	㉠ 동산을 감정평가할 때에는 거래사례비교법을 적용해야 한다. ㉡ 본래 용도의 효용가치가 없는 물건은 해체처분액으로 감정평가할 수 있다.
임대료	감정평가법인등은 임대료를 감정평가할 때에 임대사례비교법을 적용해야 한다.

② 무형자산의 감정평가(규칙 제23조)

광업권	광업재단의 감정평가액에서 해당 광산의 현존시설 가액을 빼고 감정평가해야 한다.
어업권	어장 전체를 수익환원법에 따라 감정평가한 가액에서 해당 어장의 현존시설 가액을 빼고 감정평가해야 한다.
영업권, 특허권 등	영업권, 특허권, 실용신안권 등은 수익환원법을 적용해야 한다.

POINT 03 「부동산 가격공시에 관한 법률」 ★★

01 공시종류

구분		공시 종류
토지가격		표준지공시지가
		개별공시지가
주택가격	단독주택	표준주택가격
		개별주택가격
	공동주택	공동주택가격
비주거용 부동산가격	일반부동산	비주거용 표준부동산가격
		비주거용 개별부동산가격
	집합부동산	비주거용 집합부동산가격

① 토지가격

구분	표준지공시지가	개별공시지가
공시주체	국토교통부장관	시장 · 군수 · 구청장
공시일	-	결정 · 공시일 5월 31일까지
심의	중앙부동산가격 공시위원회	시 · 군 · 구부동산 가격공시위원회
의뢰	감정평가법인등	-
검증	-	감정평가법인등

② 주택가격

구분	표준주택가격	개별주택가격	공동주택가격
공시주체	국토교통부 장관	시장·군수· 구청장	국토교통부 장관
공시일	–	결정·공시일 4월 30일까지	4월 30일까지
심의	중앙부동산 가격공시 위원회	시·군·구 부동산가격 공시위원회	중앙부동산 가격공시 위원회
의뢰	(한국) 부동산원	–	(한국) 부동산원
검증	–	(한국) 부동산원	–

③ 비주거용 부동산가격

구분	비주거용 표준부동산 가격	비주거용 개별부동산 가격	비주거용 집합부동산 가격
공시주체	국토교통부 장관	시장 · 군수 · 구청장	국토교통부 장관
공시일	4월 30일까지	결정 · 공시일 4월 30일까지	
심의	중앙부동산 가격공시 위원회	시 · 군 · 구 부동산가격 공시위원회	중앙부동산 가격공시 위원회
의뢰	감정평가법인등 또는 부동산원		
검증			

03 공시사항

표준지공시지가의 공시사항	표준주택가격의 공시사항
① 표준지의 지번 ② 표준지의 단위면적당 가격 ③ 표준지의 면적 및 형상 ④ 표준지 및 주변토지의 이용상황 ⑤ 지목, 용도지역, 도로 상황	① 표준주택의 지번 ② 표준주택가격 ③ 표준주택의 대지면적 및 형상 ④ 표준주택의 용도, 연면적, 구조 및 사용승인일(임시사용승인일 포함) ⑤ 지목, 용도지역, 도로 상황

04 이의신청

① 표준지공시지가에 대한 이의신청
- 표준지공시지가의 공시일부터 30일 이내에 서면으로 국토교통부장관에게 이의를 신청할 수 있다.
- 이의신청기간이 만료된 날부터 30일 이내에 이의신청을 심사하여 그 결과를 신청인에게 서면으로 통지하여야 한다.
- 이의신청의 내용이 타당하다고 인정될 때에는 표준지공시지가를 조정하여 다시 공시하여야 한다.

② 개별공시지가에 대한 이의신청
- 개별공시지가의 결정·공시일부터 30일 이내에 서면으로 시장·군수 또는 구청장에게 이의를 신청할 수 있다.
- 이의신청기간이 만료된 날부터 30일 이내에 이의신청을 심사하여 그 결과를 신청인에게 서면으로 통지하여야 한다.
- 이의신청의 내용이 타당하다고 인정될 때에는 개별공시지가를 조정하여 다시 결정·공시하여야 한다.

05 표준지공시지가의 효력

① 토지시장의 지가정보를 제공한다.
② 일반적인 토지거래의 지표가 된다.
③ 국가·지방자치단체 등의 기관이 그 업무와 관련하여 지가를 산정하는 경우에 그 기준이 된다.
④ 감정평가법인등이 개별적으로 토지를 감정평가하는 경우에 그 기준이 된다.

06 적용범위

① 표준지공시지가
- 토지의 수용 · 보상
- 토지가격비준표 작성의 기준
- 국 · 공유지의 취득 또는 처분
- 공공용지의 매수
- 환지체비지의 매각 또는 환지신청
- 토지의 매입 · 매각 · 경매 · 재평가
- 공업용지 · 주거용지 · 관광용지 등의 공급 또는 분양

② 개별공시지가
- 재산세 과세표준액 결정
- 종합부동산세 과세표준액 결정
- ○○부담금 부과를 위한 지가 산정
- 국유지의 사용료 산정기준

07 결정·공시하지 아니할 수 있는 경우

① 개별공시지가
- 표준지로 선정된 토지
  + 표준지로 선정된 토지에 대하여는 해당 토지의 표준지공
    시지가를 개별공시지가로 본다.
- 국세 또는 지방세의 부과대상이 아닌 토지
- 부담금 등의 부과대상이 아닌 토지

② 개별주택가격
- 표준주택으로 선정된 단독주택
  + 표준주택으로 선정된 주택에 대하여는 해당 표준주택가
    격을 개별주택가격으로 본다.
- 국세 또는 지방세의 부과대상이 아닌 단독주택

강양구 교수

약력
해커스 공인중개사 부동산학개론 강사
해커스 공인중개사 부동산학개론 동영상강의 강사

해커스 공인중개사 키워드 한손노트

1차 부동산학개론

개정2판 1쇄 발행	2023년 11월 10일
지은이	강양구, 해커스 공인중개사시험 연구소 공편저
펴낸곳	해커스패스
펴낸이	해커스 공인중개사 출판팀
주소	서울시 강남구 강남대로 428 해커스 공인중개사
고객센터	1588-2332
교재 관련 문의	land@pass.com
	해커스 공인중개사 사이트(land.Hackers.com) 1:1 무료상담
	카카오톡 플러스 친구 [해커스 공인중개사]
학원/동영상강의	land.Hackers.com
ISBN	979-11-6999-594-8(10320)
Serial Number	02-01-01

공인중개사 시험 전문,
해커스 공인중개사 land.Hackers.com

ⓣ 해커스 공인중개사

• 해커스 공인중개사학원 및 인터넷강의
• 해커스 공인중개사 온라인 전국 실전모의고사
• 해커스 공인중개사 무료 학습자료 및 필수 학습정보 제공